Maus

Biber

Tomate

Lies die Wörter. Zu welchen Anlautkärtchen gehören sie? Verbinde.

Laute und Buchstaben

Erkenne die Anlaute. Benenne, was du auf den Bildern siehst. Verbinde jedes Bild mit dem richtigen Stockwerk.

Unterscheide ähnliche Laute. Was fischen Hund und Biber? Verbinde die Gegenstände mit den dazugehörigen Buchstaben.

P Q R

S T U

Hier ist Platz, um es einmal selbst zu versuchen.

Schreibe die Buchstaben. Fahre die Buchstaben des Alphabets nach.

Hund

Mond

Laterne

Lies die Wörter. Vergleiche die Buchstaben und verbinde mit dem passenden Anlautkärtchen.

Verbinde jede Bildkarte mit dem richtigen Stockwerk.

Erkenne die gleichen Anlaute. Benenne, was du auf der Bildkarte siehst. Welchen Laut hörst du am Anfang? Verbinde.

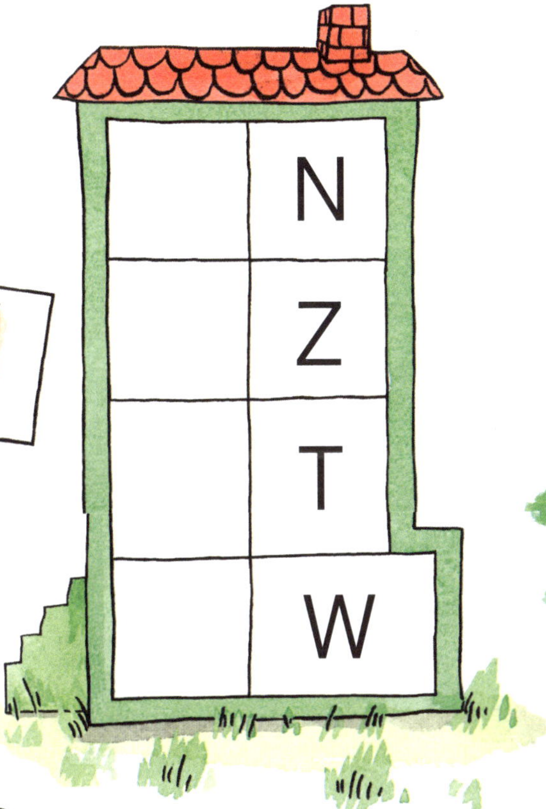

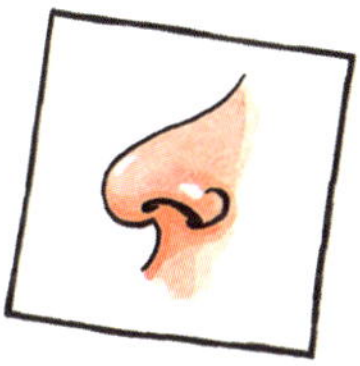

Erkenne die Anlaute. Was siehst du auf den Bildern? Verbinde jedes Bild mit dem richtigen Stockwerk.

V W X

Y Z

Hier ist Platz, um es einmal selbst zu versuchen.

Schreibe die Buchstaben. Fahre die Buchstaben des Alphabets nach.

Dino

Sonne

Hund

Lies die Wörter. Wohin gehören die Wörter? Vergleiche die Buchstaben und verbinde mit dem passenden Anlautkärtchen.

Schreibe die Buchstaben des Alphabets.
Jetzt kannst du alle Buchstaben des Alphabets nachschreiben!

O

T

M

T					

E

A

T

Verbinde nacheinander alle Karten mit der richtigen Stelle. Trage die Buchstaben ein.

A

H			

S

H

E

Wörter schreiben

Laut für Laut. Was siehst du auf dem großen Bild? Benenne es. Welchen Laut hörst zu zuerst, welchen danach?

Trage unter jedem Bild den richtigen Buchstaben ein.

Wörter schreiben. Benenne zuerst jedes große Bild. Welcher Laut fehlt? Wähle die passenden Anlautbilder aus und verbinde sie.

F

Biber

Torte

T

B

Frosch

Lies die Wörter. Zu welchen Bildern gehören die Wörter? Verbinde mit den passenden Anlautkärtchen.

Hier kannst du deinen Namen schreiben

A B C D E F

G H I J K L M

N O P Q R S

T U V W X Y Z

Genau schreiben

Schreibe die Buchstaben. Jetzt kannst du alle Buchstaben des Alphabets nachschreiben!

Was gehört in welche Anlautschachtel? Verbinde.

Fülle die Anlautschachteln. Sammle in den Anlautschachteln die Bilder und Gegenstände mit dem gleichen Anfangsbuchstaben.

Trage unter jedem Bild den richtigen Buchstaben ein.

Wörter schreiben

Schreibe mit Anlautbildern. Sprich die Anlaute der Dinge auf den Bildern langsam. Welchen Laut hörst du zuerst, welchen danach?

Lerne die Zahlen kennen. Fahre die Zahlen nach.

Kreise die 1 ein.

Fahre nach.

4 1 6 2 3 1 2 1 2 7 8 1 5 1	1

Die Zahl 1. Was ist nur einmal auf dem Blatt zu sehen? Erzähle, was passiert ist.

Erkenne die Zahlen. Wo stecken überall Zahlen? Male sie bunt an.

Kreise die 2 ein.

Fahre nach.

2 1 4 2 5 2 2

7 2 6 4 3 1

Die Zahl 2. Manchmal fehlt eine Socke.
Wo ist die zweite? Verbinde.

Lerne die Zahlen kennen. Fahre die Zahlen nach.

Setze die Reihe fort. Denke dir selbst zwei neue Reihen aus.

Erkenne die Veränderung. Nummeriere die Tierbilder in der richtigen Reihenfolge.

Erkenne die gleiche Anzahl. Wo sind gleich viele? Male an.

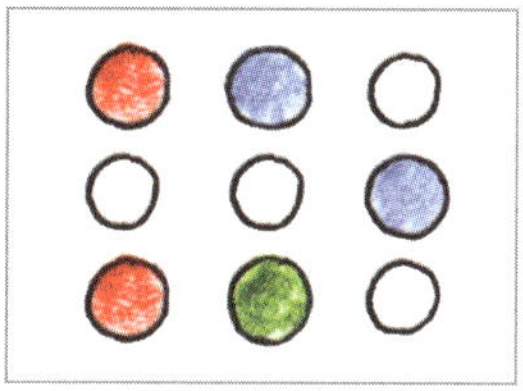

Kreise die 3 ein.

Fahre nach.

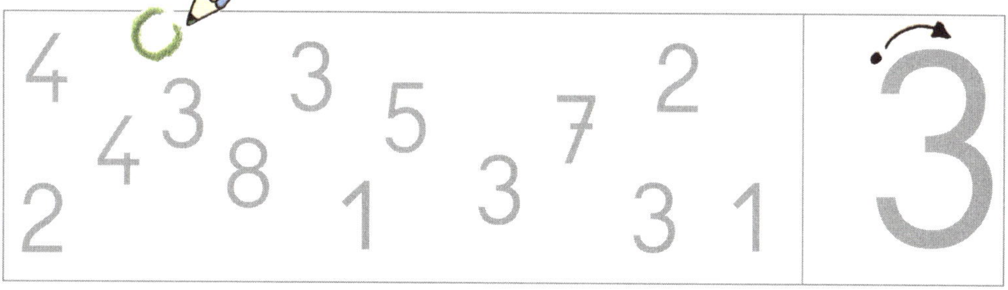

Die Zahl 3. Wo sind drei gleiche Figuren?
Kreuze an.

Bestimme die Anzahl der Tiere. Zähle sie und trage die Tiere, die auf der Wiese sind, ein.

7 4 4 2 7 4 3 2 6 1 4 2 4

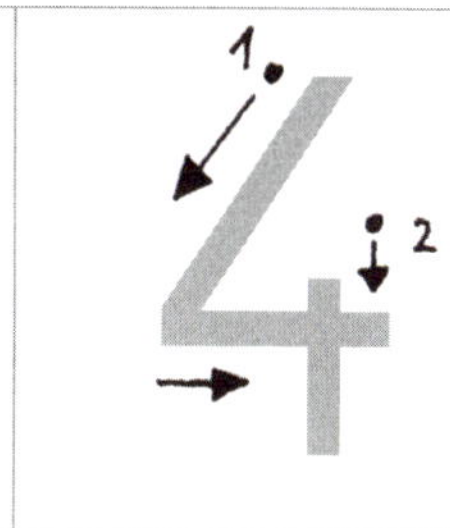

Kreise die 4 ein.

Fahre nach.

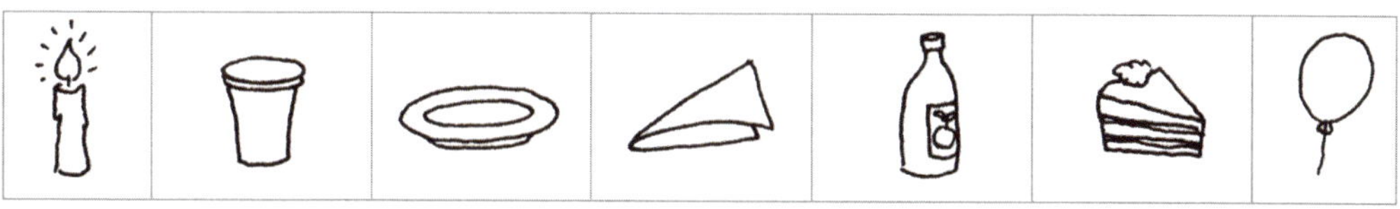

Die Zahl 4. Was ist viermal da? Kreuze an.

Kreise die 5 ein.

Fahre nach.

Die Zahl 5. Immer fünf Gegenstände sollen in eine Reihe. Male die fehlenden dazu.

Die Zahl 5. Wo sind fünf gleiche Gegenstände? Kreise ein.

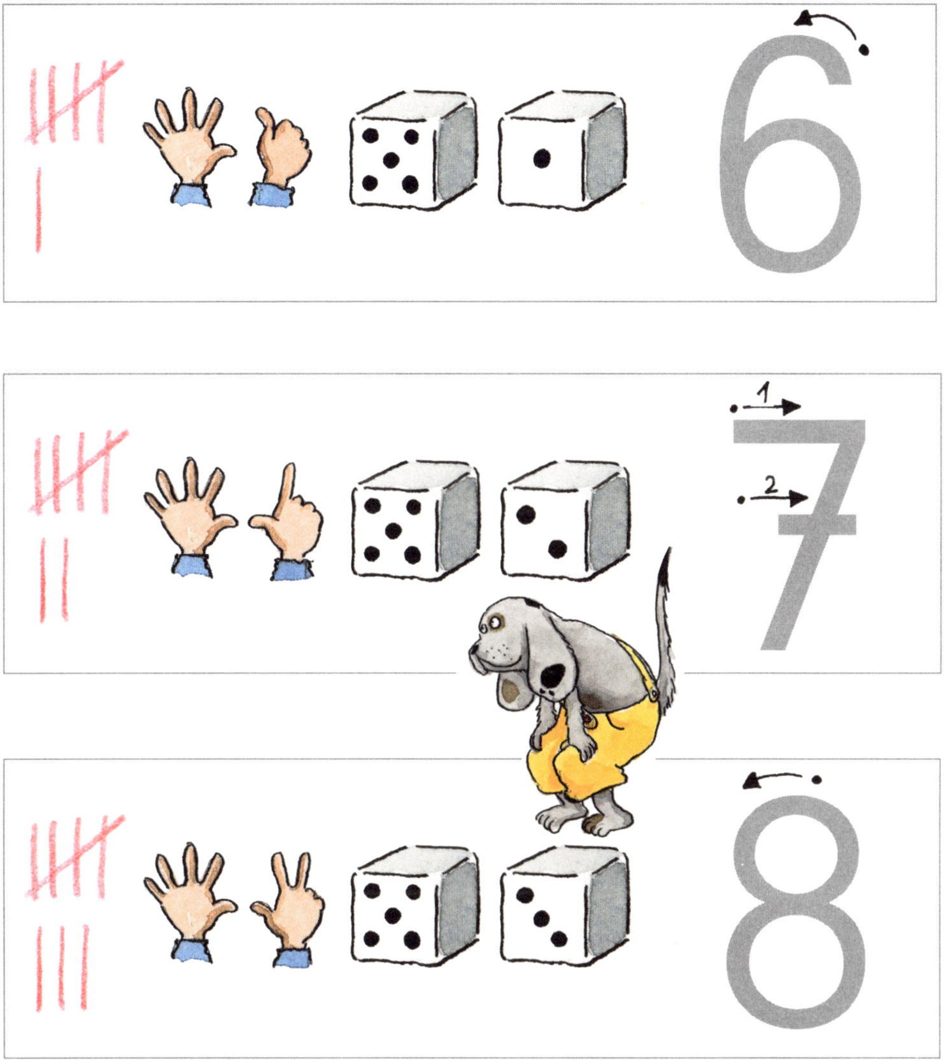

Lerne die Zahlen kennen. Fahre die Zahlen nach.

Kreise die 6 ein.

7 3 5 1 5 3
4 1 2 5 6 6 1

Fahre nach.

6

Die Zahl 6. Immer sechs Süßigkeiten sollen in eine Reihe. Male die fehlenden dazu.

	es sind	es kommen dazu	es sind zusammen
	○○○○○	○	○○○○○○
	5	+1	6

Das Pluszeichen. Gäste kommen zu Besuch.
Fülle die Tabelle aus.

Kreise die 7 ein.

Fahre nach.

Zählen

Die Zahl 7. Immer sieben Gegenstände sollen in eine Reihe. Male dazu.

Was ist 7-mal da? Kreuze an.

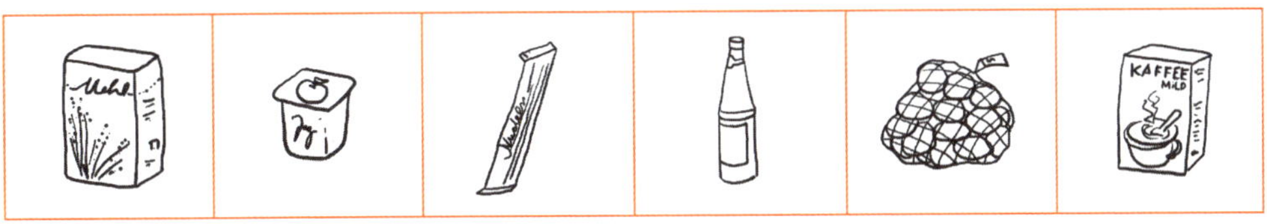

Die Zahl 7. Wo sind sieben gleiche Lebensmittel? Kreuze an.

Zerlege die Mengen. Zähle und ergänze die Punkte. Schreibe die entsprechenden Zahlen daneben.

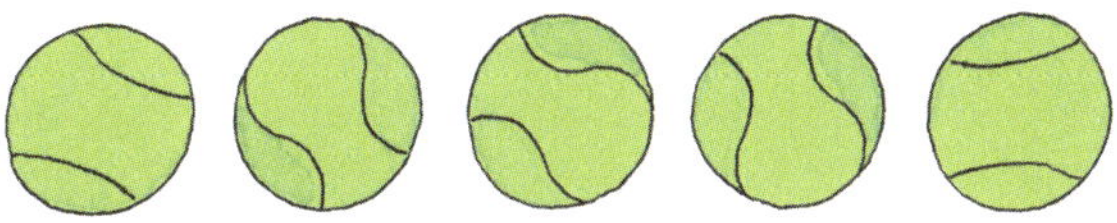

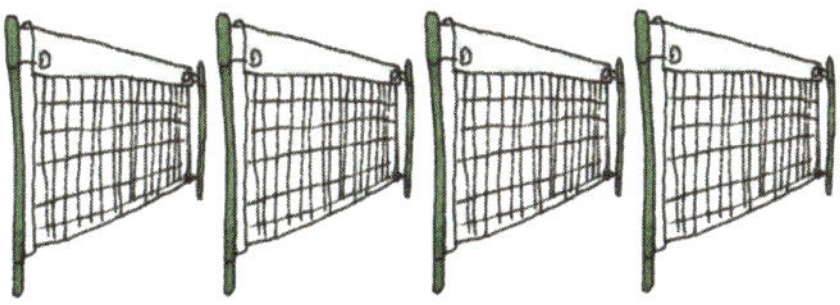

Kreise die 8 ein.

8 3 5 8 5 3

4 7 2 5 6 8 1

Fahre nach.

8

Die Zahl 8. Es sollen immer 8 Gegenstände in einer Reihe sein. Male die fehlenden dazu.

Zerlege die Mengen. Zähle und ergänze die Punkte. Schreibe die entsprechenden Zahlen daneben.

Die Zahl 8. Was ist 8-mal da? Kreuze an.

Lerne die Zahlen kennen. Fahre die Zahlen nach. Findest du die Zahl unten wieder?

Eine Ecke fehlt. Finde das passende Stück und verbinde.

Zerlege die Mengen. Zähle und ergänze die Punkte. Schreibe die entsprechenden Zahlen daneben.

Kreise die 9 ein. Fahre nach.

9 3 5 9 5 9

4 1 2 5 6 9 1

9

Die Zahl 9. Es sollen immer 9 Früchte in eine Reihe. Male die fehlenden Früchte dazu.

Wie viele sind es? Zähle die Gegenstände und male entsprechend viele Perlen der Rechenkette an.

Zerlege die Mengen. Zähle und ergänze die Punkte. Schreibe die entsprechenden Zahlen daneben.

Kreise die 10 ein.

Fahre nach.

9 3 10 9 9 3

4 2 5 6 10

Die Zahl 10. Es sollen immer 10 Gegenstände in eine Reihe. Male die fehlenden dazu.

Bestimme die größte Menge. Vergleiche die Mengen. Kreuze die größte an.

	es waren	es gehen weg	es bleiben übrig
	o o ø		
	3	-1	2

Das Minuszeichen. Welches der Tiere geht weg? Fülle die Tabelle aus.

Lerne die Zahlen kennen. Fahre die Zahlen nach.

Erkenne mehr oder weniger. Wo ist mehr drin? Kreuze an.

Welche Minusaufgabe passt zu welchem Bild? Male die Regale unten in der passenden Farbe an.

Lerne die Zahlen kennen. Fahre die Zahlen nach.

Lerne die Zahlen kennen. Fahre die Zahlen nach.

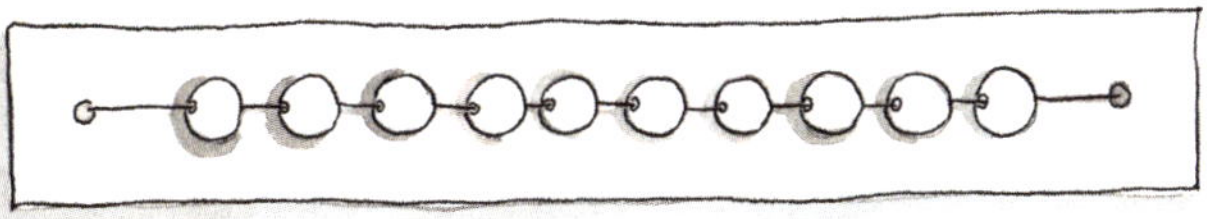

+ =

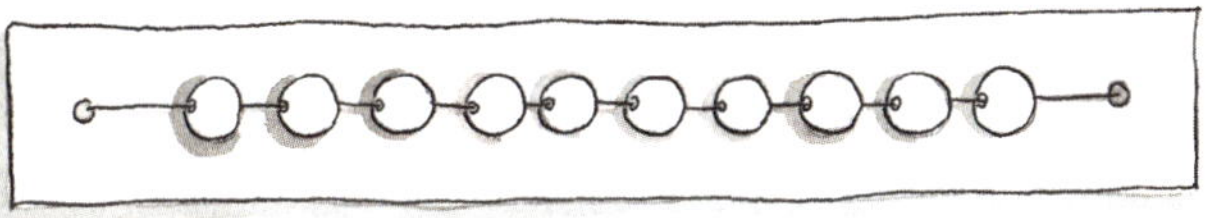

+ =

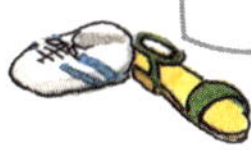

+ =

Plusaufgabe. Male die Perlen an und rechne aus.

Die Zahl 20. Fahre die Zahl nach. Findest du die Zahl unten wieder?

2	3	7	8	13	14	15
9	10	14	15	18	19	20

Zähle weiter. Welche Zahl kommt als nächste? Beginne jeweils neu bei den nummerierten Bällen und trage die Zahl ein.

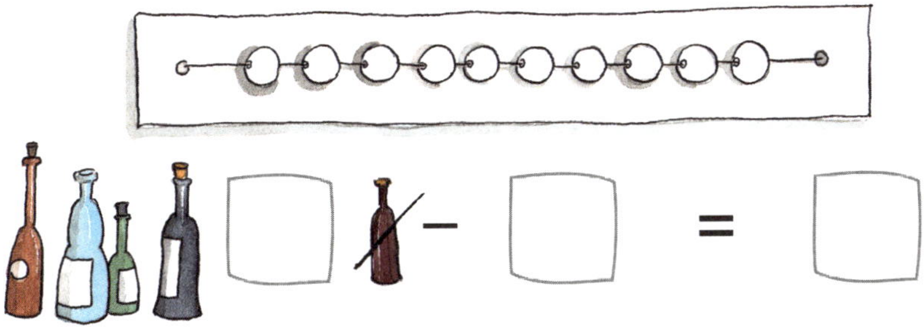

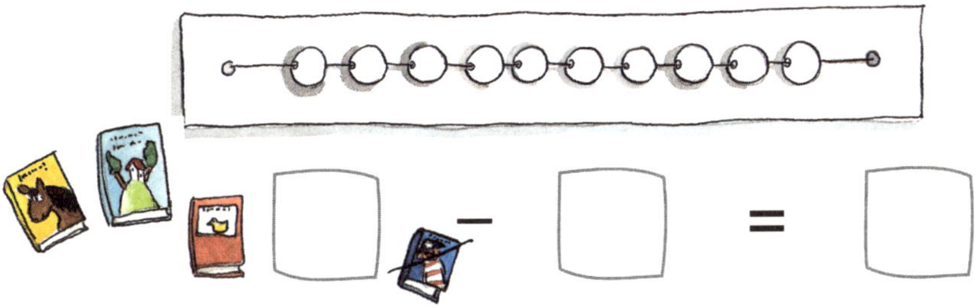

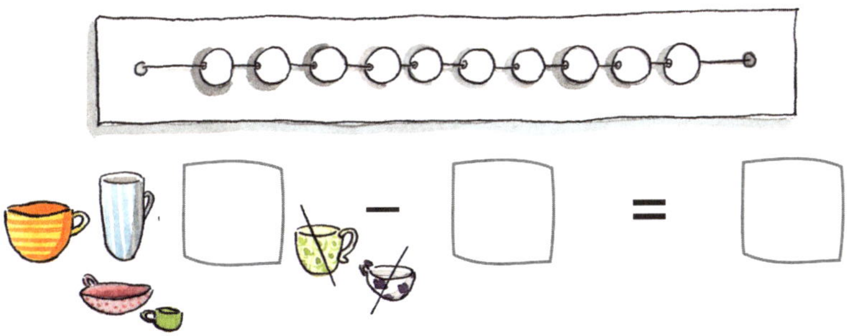

Minusaufgabe. Wie viele bleiben übrig?
Male die Perlen an, streiche die wegfallenden durch und rechne aus.

Denke dir Rechnungen aus. Male und schreibe sie auf. Kannst du eine Geschichte dazu erzählen?

Zähle die Gegenstände. Wie viele sind es?
Male so viele Perlen der Rechenkette an.

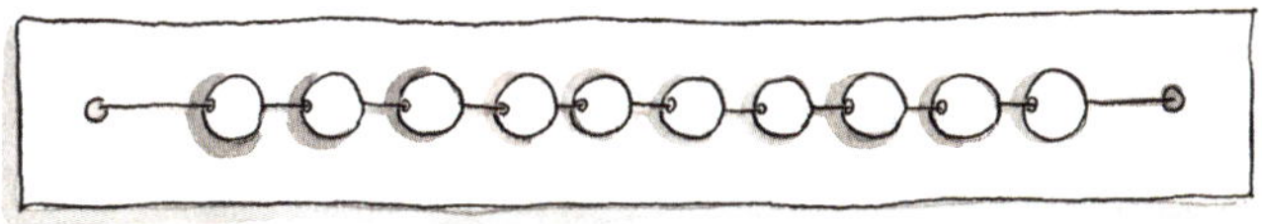

□ − □ = □

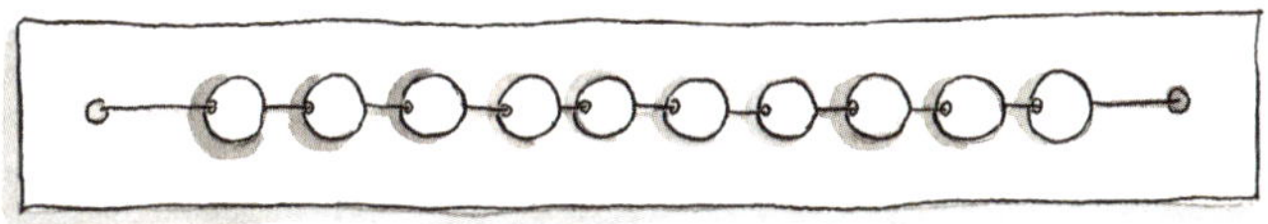

□ − □ = □

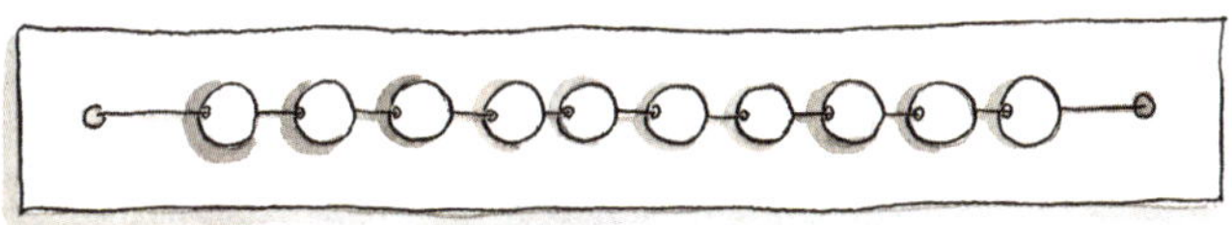

□ − □ = □

Minusaufgabe. Wie viele bleiben übrig?
Male die Perlen an, streiche die wegfallenden durch und rechne aus.

☐ + ☐ = ☐

☐ + ☐ = ☐

Rechengeschichte mit „plus". Erzähle die Geschichte und rechne aus.

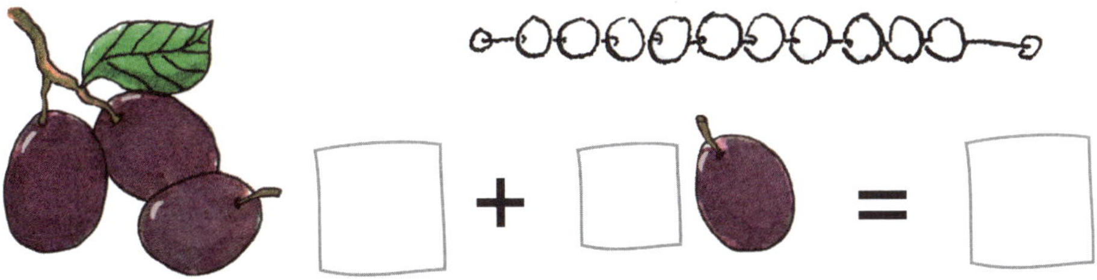

Zahlensätze mit „plus". Wie viele sind es zusammen? Male die Perlen an und rechne aus.

Verbinde die Zahlen von 1 bis 20.
Wer sitzt denn da?

Zähle weiter. Nicht alle Steine haben eine Nummer. Ordne die unteren Steine den oberen Steinen richtig zu und verbinde.

$\square - \square = \square$

$\square - \square = \square$

Rechengeschichten mit „minus". Erzähle die Geschichte und rechne aus.

Welche Plusaufgabe passt zu welchem Bild?
Male den Koffer unten in der passenden Farbe an.

Lerne das Geld kennen. Wechsle das Geld und beschrifte die Münzen und Scheine.

Welche Minusaufgabe passt zu welchem Bild? Male die Regale unten in der passenden Farbe an.

Welche Plusaufgabe passt zu welchem Bild?
Male den Koffer unten in der passenden Farbe an.